First Picture Dictionary
Animals

מִלוֹן תְּמוּנוֹת רִאשׁוֹן
חַיּוֹת

Pig
חֲזִיר

Butterfly
פַּרְפַּר

Rabbit
אַרְנֶבֶת

Fox
שׁוּעָל

Illustrated by Anna Ivanir

www.kidkiddos.com
Copyright ©2025 by KidKiddos Books Ltd.
support@kidkiddos.com

All rights reserved. No part of this book may be reproduced in any form or by any electronic or mechanical means, including information storage and retrieval systems, without written permission from the publisher, except in the case of a reviewer, who may quote brief passages embodied in critical articles or in a review.
First edition, 2025

Library and Archives Canada Cataloguing in Publication
First Picture Dictionary - Animals (English Hebrew Bilingual edition)
ISBN: 978-1-83416-276-8 paperback
ISBN: 978-1-83416-277-5 hardcover
ISBN: 978-1-83416-275-1 eBook

Wild Animals
חַיּוֹת בַּר

Lion
אַרְיֵה

Tiger
נָמֵר

Giraffe
גִ'ירָפָה

✦ *A giraffe is the tallest animal on land.*
✦ הַגִ'ירָפָה הִיא הַחַיָּה הַגְּבוֹהָה בְּיוֹתֵר עַל הַיַּבָּשָׁה.

Elephant
פִּיל

Monkey
קוֹף

Bear

דוֹב

Kangaroo

קֶנְגּוּרוּ

Crocodile

תַּנִּין

Camel

גָּמָל

Zebra

זֶבְּרָה

Wild Animals
חַיּוֹת בַּר

Hippopotamus
הִיפּוֹפּוֹטָם

Panda
פַּנְדָה

Fox
שׁוּעָל

Rhino
קַרְנָף

Deer
אַיָּל

Moose
אֱיָל קוֹרֵא

Wolf
זְאֵב

Squirrel
סְנָאִי

✦ A moose is a great swimmer and can dive underwater to eat plants!

✦ הָאַיָל הַקוֹרֵא הוּא שַׂחְיָן מְצוּיָן וְיָכֹל לִצְלוֹל תַּחַת הַמַּיִם כְּדֵי לֶאֱכוֹל צְמָחִים!

Koala
קוֹאָלָה

✦ A squirrel hides nuts for winter, but sometimes forgets where it put them!

✦ הַסְנָאִי מַחְבִּיא אֱגוֹזִים לַחֹרֶף, אֲבָל לִפְעָמִים שׁוֹכֵחַ אֵיפֹה הִנִּיחַ אוֹתָם!

Gorilla
גּוֹרִילָה

Pets
חַיּוֹת מַחְמָד

Canary
קָנָרִית

Guinea Pig
חֲזִיר גִּינֵיאָה

◆ *A frog can breathe through its skin as well as its lungs!*
◆ צְפַרְדֵּעַ יְכוֹלָה לִנְשֹׁם גַּם דֶּרֶךְ עוֹרָהּ וְגַם דֶּרֶךְ רֵאוֹתֶיהָ!

Frog
צְפַרְדֵּעַ

Hamster
אוֹגֵר

Goldfish
דַּג זָהָב

Dog
כֶּלֶב

✦ *Some parrots can copy words and even laugh like a human!*

✦ יֵשׁ תּוּכִּים שֶׁיְּכוֹלִים לַחֲזֹר עַל מִלִּים וַאֲפִלּוּ לִצְחוֹק כְּמוֹ בֶּן אָדָם!

Cat
חָתוּל

Parrot
תּוּכִּי

Animals at the Farm

חַיּוֹת בַּחֲוָה

Cow

פָּרָה

Chicken

תַּרְנְגוֹלֶת

Duck

בַּרְוָז

Sheep

כֶּבֶשׂ

Horse

סוּס

Pig

חֲזִיר

Rabbit

אַרְנֶבֶת

Llama

לָאמָה

✦A goat can climb steep rocks and even trees!

✦עֵז יְכוֹלָה לְטַפֵּס עַל סְלָעִים תְּלוּלִים
וַאֲפִלּוּ עַל עֵצִים!

Goat

עֵז

Peacock

טַוָּס

Turkey

תַּרְנְגוֹל הוֹדוּ

Animals in Water

חַיּוֹת בַּמַּיִם

Coral

אַלְמוֹג

Octopus

תְּמָנוּן

Dolphin

דּוֹלְפִין

Jellyfish

מְדֻזָּה

✦*An octopus has three hearts and can change colors to hide!*

✦לַתְּמָנוּן יֵשׁ שְׁלוֹשָׁה לְבָבוֹת וְהוּא יָכֹל לְשַׁנּוֹת צֶבַע כְּדֵי לְהִסְתַּתֵּר!

Seahorse

סוּסוֹן יָם

Shark

כָּרִישׁ

Lobster

מְחוּשְׁתָן

Walrus

נִיבְתָן

✦*A lobster has blue blood.*

✦לִמְחוּשְׁתָן יֵשׁ דָּם כָּחוֹל.

✦*A seal can hold its breath for 30 minutes while diving underwater!*

✦כֶּלֶב יָם יָכוֹל לְהַחְזִיק אֶת נְשִׁימָתוֹ לְמַעְלָה מִ-30 דַּקּוֹת תּוֹךְ כְּדֵי צְלִילָה!

Seal

כֶּלֶב יָם

Crab

סַרְטָן קְצַר בֶּטֶן

Animals in the Sky

חַיּוֹת בַּשָּׁמַיִם

Seagull

שַׁחַף

Woodpecker

נַקָּר

✦*A hawk can spot a tiny mouse from high up in the sky!*

✦הַנֵּץ יָכֹל לִרְאוֹת עַכְבָּר קָטָן מִמֶּרְחָקִים בַּשָּׁמַיִם!

Eagle

נֶשֶׁר

Pigeon

יוֹנָה

Hawk

נֵץ

Mosquito

יָתוּשׁ

Dragonfly

שַׁפִּירִית

✦*A dragonfly was one of the first insects on Earth, even before dinosaurs!*

✦שַׁפִּירִית הָיְתָה אַחַת הַחַיּוֹת הָרִאשׁוֹנוֹת בָּעוֹלָם, גַּם לִפְנֵי הַדִּינוֹזָאוּרִים!

Bee

דְּבוֹרָה

Butterfly

פַּרְפַּר

Ladybug

פָּרַת מֹשֶׁה רַבֵּנוּ

Animals on Land

חַיּוֹת עַל הַיַּבָּשָׁה

Grasshopper

חָגָב

Snake

נָחָשׁ

✦*A snake smells with its tongue instead of its nose!*

✦הַנָּחָשׁ מֵרִיחַ דֶּרֶךְ הַלָּשׁוֹן וְלֹא הָאַף!

Anteater

דֹּב נְמָלִים

Caterpillar

זַחַל

Worm

תּוֹלַעַת

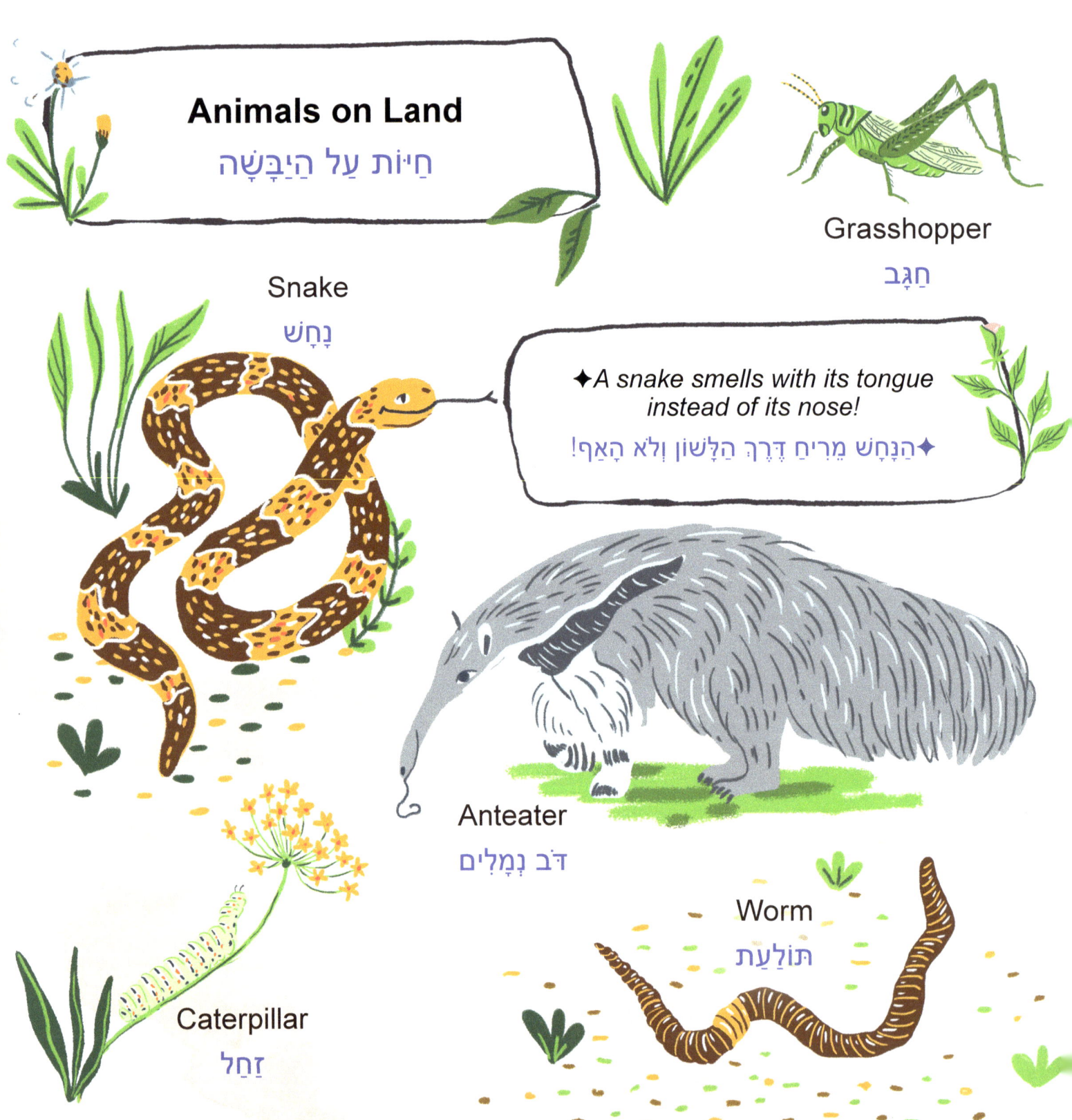

Badger
גִּירִית

Porcupine
דַּרְבָּן

Groundhog
מַרְמִיטָה

✦ *A lizard can grow a new tail if it loses one!*

✦ לַלְטָאָה יֵשׁ יְכוֹלֶת לְהַצְמִיחַ זָנָב חָדָשׁ אִם הִיא מְאַבֶּדֶת אוֹתוֹ!

Lizard
לְטָאָה

Ant
נְמָלָה

Magical Animals
חַיּוֹת קְסוּמוֹת

Unicorn
חַד קֶרֶן

Pegasus
פֵּגָסוּס

Dragon
דְּרָקוֹן

Mermaid
בַּת־יָם

Wild Cats

חֲתוּלֵי בַּר

Puma

פּוּמָה

Lion

אַרְיֵה

Cheetah

בַּרְדְּלָס

✦*A cheetah is the fastest animal on land.*

✦הַבַּרְדְּלָס הוּא הַחַיָּה הַמְּהִירָה בְּיוֹתֵר עַל הַיַּבָּשָׁה.

Lynx

שׁוּנָר

Panther

פַּנְתֵּר

Big Animals
חַיּוֹת גְּדוֹלוֹת
Whale
לִוְיָתָן
Walrus
נִיבְתָן
Buffalo
תְּאוֹ
Ostrich
יַעֵן
Hippopotamus
הִיפּוֹפּוֹטָם
Bison
בִּיזוֹן

Small Animals
חַיּוֹת קְטַנּוֹת

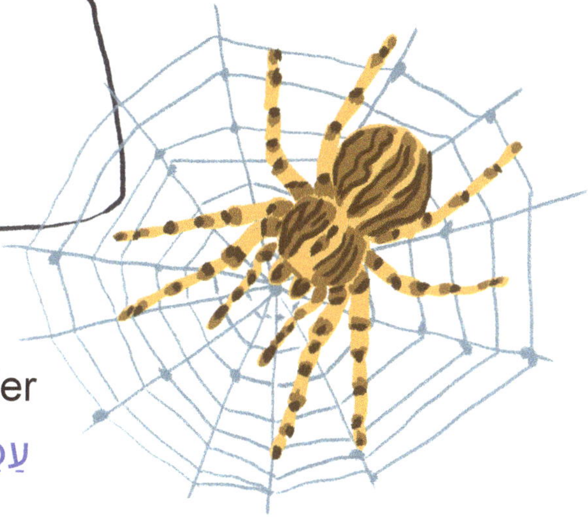

Chameleon
זִיקִית

Spider
עַכָּבִישׁ

◆ *An ostrich is the biggest bird, but it cannot fly!*

◆ הַיָּעֵן הוּא הָעוֹף הַגָּדוֹל בְּיוֹתֵר, אֲבָל לֹא יָכוֹל לָעוּף!

Bee
דְּבוֹרָה

◆ *A snail carries its home on its back and moves very slowly.*

◆ הַחִלָּזוֹן נוֹשֵׂא אֶת בֵּיתוֹ עַל גַּבּוֹ וְזוֹחֵל לְאַט מְאוֹד.

Snail
חִלָּזוֹן

Mouse
עַכְבָּר

Quiet Animals
חַיּוֹת שְׁקֵטוֹת

Turtle
צָב

Ladybug
פָּרַת מֹשֶׁה רַבֵּנוּ

✦ *A turtle can live both on land and in water.*

✦ הַצָּב יָכוֹל לָגוּר בְּיַבָּשָׁה וּבַמַּיִם.

Fish
דָּג

Lizard
לְטָאָה

Loud Animals

חַיּוֹת רוֹעֲשׁוֹת

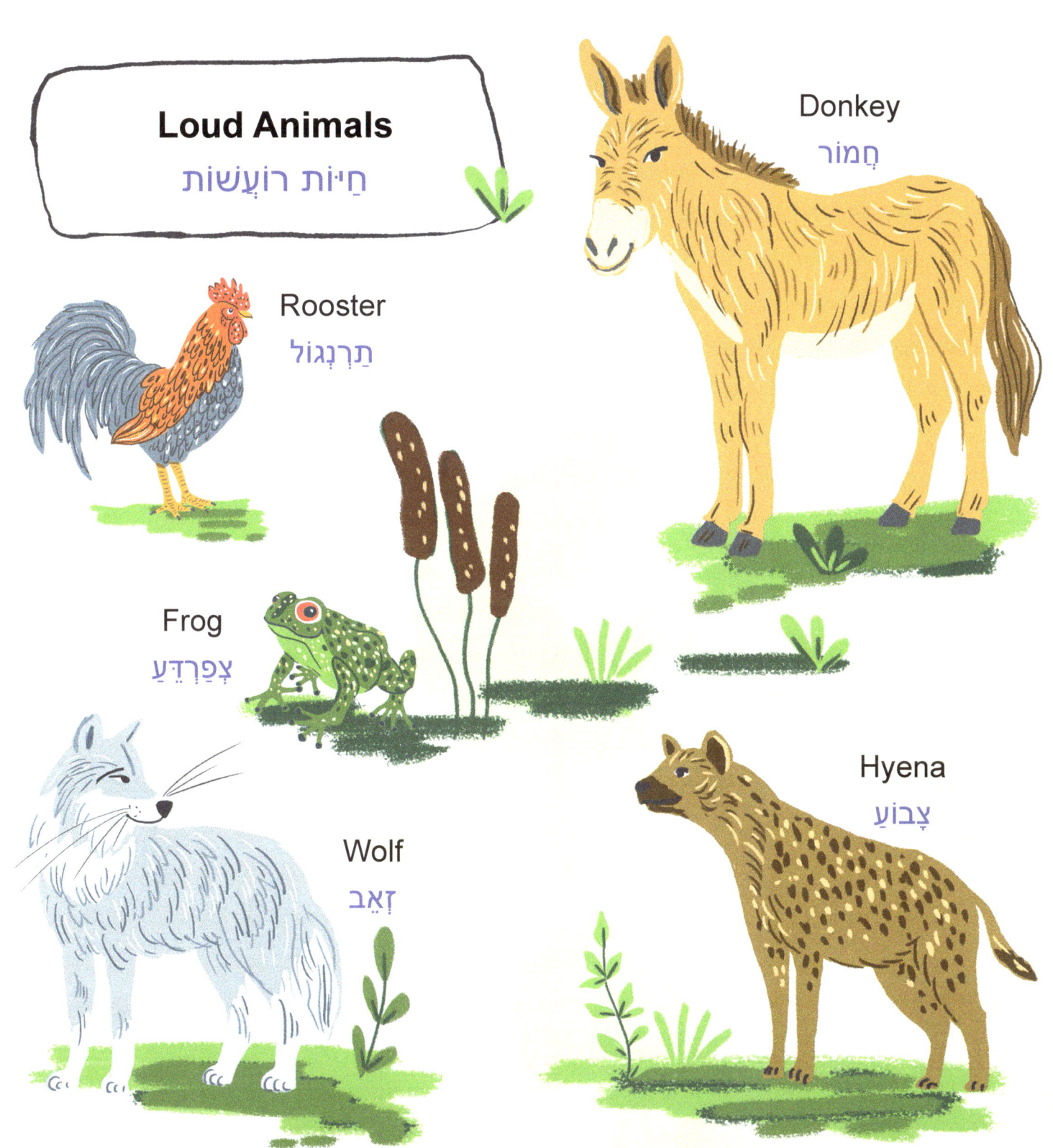

Polar Animals

חַיּוֹת קֹטֶב

Seal

כֶּלֶב יָם

Orca

קַטְלָן

Puffin

תֻּכִּי יָם

Reindeer

אֵיל הַצָּפוֹן

Penguin

פִּינְגְּוִין

Polar Bear

דּוֹב קוֹטֶב

Jungle Animals
חַיּוֹת בַּג'וּנְגֶּל

Orangutan
אוֹרָנְגּוּטָן

Panther
פַּנְתֵּר

Toucan
טוּקָן

Gorilla
גּוֹרִילָה

Iguana
אִיגוּאַנָה

Anaconda
אֲנָקוֹנְדָּה

Sloth
עַצְלָן

Nighttime Animals

חַיּוֹת לַיְלָה

Firefly

גַּחֲלִילִית

Badger

גִּירִית

Kiwi Bird

צִפּוֹר קִיוִי

Leopard

נָמֵר

Hedgehog

קִפּוֹד

Owl
יַנְשׁוּף

Bat
עֲטַלֵּף

✦ An owl hunts at night and uses its hearing to find food!

✦ הַיַנְשׁוּף צָד בַּלַיְלָה וּמִשְׁתַּמֵּשׁ בַּשְׁמִיעָה כְּדֵי לִמְצֹא מָזוֹן!

✦ A firefly glows at night to find other fireflies.

✦ הַגַחְלִילִית זוֹהֶרֶת בַּלַיְלָה כְּדֵי לִמְצֹא גַחְלִילִיוֹת אֲחֵרוֹת.

Raccoon
דְּבִיבוֹן

Tarantula
טָרַנְטוּלָה

Colorful Animals
חַיּוֹת צִבְעוֹנִיּוֹת

An owl is brown
הַיַּנְשׁוּף חוּם

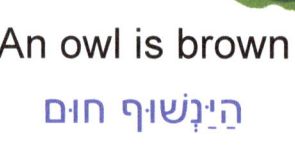

A flamingo is pink
הַפְלַמִינְגוֹ וָרֹד

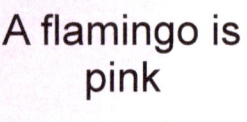

A swan is white
הַבַּרְבּוּר לָבָן

An octopus is purple
הַתְּמָנוּן סָגֹל

A frog is green
הַצְּפַרְדֵּעַ יְרֻקָּה

✦ A frog is green, so it can hide among the leaves.

✦הַצְּפַרְדֵּעַ יְרֻקָּה, כָּךְ הִיא יְכוֹלָה לְהִסְתַּתֵּר בֵּין הָעָלִים.

A polar bear is white
דֹּב הַקֹּטֶב לָבָן

A fox is orange
הַשׁוּעָל כָּתוֹם

A koala is grey
דֹּב הַקוֹאָלָה אָפֹר

A panther is black
הַפַּנְתֵּר שָׁחוֹר

A chick is yellow
הָאֶפְרוֹחַ צָהוֹב

Animals and Their Babies
חַיּוֹת וְהַגּוּרִים שֶׁלָּהֶן

Cow and Calf
פָּרָה וְעֵגֶל

Cat and Kitten
חָתוּל וְחֲתַלְתוּל

✦ *A chick talks to its mother even before it hatches.*
✦ הָאֶפְרוֹחַ מְדַבֵּר עִם אִמּוֹ גַּם לִפְנֵי שֶׁהוּא בּוֹקֵעַ.

Chicken and Chick
תַּרְנְגוֹלֶת וְאֶפְרוֹחַ

Dog and Puppy
כֶּלֶב וּכְלַבְלַב

Butterfly and Caterpillar
פַּרְפַּר וְזַחַל

Sheep and Lamb
כֶּבֶשׂ וְטָלֶה

Horse and Foal
סוּס וּסְיָח

Pig and Piglet
חֲזִיר וַחֲזִירוֹן

Goat and Kid
עֵז וּגְדִי

www.ingramcontent.com/pod-product-compliance
Lightning Source LLC
LaVergne TN
LVHW072056060526
838200LV00061B/4755